정답보다 중요한 나만의 생각 찾기
철학 안경

고노 데쓰야 감수 | 스가하라 요시코 글 | 나가시마 히로미 그림 | 오지은 옮김

아울북

왠지 가고 싶지 않아….

그렇다고

딱히 싫은 것도 아닌데….

들어가며

'철학'이라는 말을 들으면, 무엇이 떠오르니?
옛날 옛적 똑똑한 사람이 했던 멋있는 말? 아니면 어려운 책이나 딱딱한 글?
애매하기만 하고 살아가는 데 별 도움이 되지 않는 느낌이야?

하지만 철학은 우리 생각보다 간단하고, 가까운 곳에 있어. 철학은 살면서 마주하는 여러 가지 궁금한 점이나 문제를 천천히 깊게 생각해 보는 활동이거든.

평소에 가족이나 친구들과 시간을 보내며 이런저런 이야기를 나누다가, "왜 그럴까?" 하고 궁금하거나 "잘 모르겠어" 하며 망설인 적 없니? 그럴 때 분명 이 책에서 소개한 방법이 도움이 될 거야.

우리가 생활하다가 만나는 의문에 대한 답은 "응" 또는 "아니" 두 가지 중에서 못 고를 때도 있고, 아예 없을 때도 있어. 그렇다고 해서 생각하기를 멈추면 마음속 물음표는 계속 남아 있을 거야. 딱 떨어지는 정답을 쉽게 찾아내지 못해도, 머릿속으로 궁금증을 꾸준히 곱씹는 일이 중요해.

'도대체 왜일까?' 깊이 생각할 때, 다른 사람들의 생각을 알아갈 때, 조금씩 세상을 보는 관점이 바뀌어 갈 거야. 그러면 뭐가 달라질까? 어쩌면 세상을 좀 더 쉽게 살아갈 수도 있고, 좀 더 다정한 사람이 될 수도 있겠지. '철학'이란 안경을 쓰면, 나 자신은 물론이고 모두가 한층 더 행복하게 살아가는 방법을 살펴볼 수 있거든.

'학교에 가고 싶어?'
이 책의 주인공은 누구나 한 번쯤은 해 봤을 질문을 곱씹으며 생각을 조금씩 발전해 나갈 거야. 너도 주인공과 함께 '생각의 숲'을 헤매며 많은 걸 생각하고 느껴 봐. 그러다 보면 나만의 생각을 발전시키는 법을 깨닫게 되지. 그리고 이 방법은 앞으로 만나게 될 고민거리나 문제를 해결하는 데 도움을 줄 거야.

마침내 생각의 숲을 빠져나왔을 때 주인공은 무엇을 마주했을까?
그리고 그때 넌 어떤 생각을 할까?

자, 다 함께 철학 탐험을 시작해 보자!

• 들어가며 …8

제1장
내 생각을 알아보자

○ '생각 열매'를 찾자 …14
　대답해 줘! 학교에 가고 싶어? …20

○ 생각을 곱씹어 보자 …24
　대답해 줘! 왜 학교에 가고 싶어 / 가기 싫어? …30

○ '철학 안경'을 써 보자 …34
　대답해 줘! '학교에 가는 게 당연하다'는 생각은 정말일까? …40

다른 사람의 생각을 들어 보자

- 🌱 **모두에게 의견을 물어보자** …50
  - 대답해 줘! 다들 왜 학교에 가는 걸까? …56

- 🌱 **다른 의견을 받아들여 보자** …60
  - 대답해 줘! 나와 다른 의견은 어떻게 대해야 할까? …66

- 🌱 **생각은 바뀌어도 괜찮아** …72
  - 대답해 줘! 생각이 바뀐다는 건 어떤 일일까? …78

제 3 장
모두의 생각을 나눠 보자

- 🌱 내 의견을 전해 보자 …86
    - 대답해 줘! 내 의견은 정말 다른 사람과 똑같은 걸까? …92

- 🌱 남들의 눈을 신경 쓰지 말자 …96
    - 대답해 줘! 그건 진짜 내 생각일까? …102

- 🌱 아직 모르겠어도 이전과는 다를 거야 …108
    - 대답해 줘! 모르겠다는 생각이 들 땐 어떻게 할까? …114

- • '어린이 철학'을 추천합니다 …128

길을 잘못 들었나….

하지만… 왠지 이대로 학교에 안 가도 좋을 것 같아.

지각하면 안 되는데!

어서 빠져나가야겠어.

대답해 줘!

학교에 가고 싶어?

'생각 열매'를 발견하기 위해, 먼저 질문을 하나 할게.
학교에 가고 싶어? 아니면 가기 싫어?
그것도 아니면… 아직 마음을 못 정했니?
머릿속에 떠오른 대답을 솔직하게 말해 봐.
그게 너의 생각 열매야.

자, 갈림길이 나왔어.
다들 어느 쪽을 고를까?
그리고 넌 어느 길로 갈래?

- 나는 '학교에 가기 싫어' 길을 골랐는데, 이렇게 하면 돼?
- 물론이지. 마음이 끌리는 쪽으로 걸어가면 내가 어떤 생각을 했는지 알게 돼. 그럼 '생각 열매'를 손에 넣은 거야.
- 어? 자세히 보니까 '잘 모르겠어'나 '어느 쪽도 아니야'를 고른 아이도 있네.
- 그것도 여러 가지 생각 열매 중에 하나야. '모르겠다'나 '둘 다 아니야' 같은 생각도 그 사람의 진짜 마음이니까.

이곳은 네 생각의 숲이야.

그러니 생각을 해야 빠져나갈 길이 보일 거야.

음…

이미 생각은 했잖아.

학교에 가기 싫다는 생각만으로는 충분하지 않은 거야?

생각 열매만으로는 숲을 빠져나갈 수 없어.

생각을 발전시켜야 길이 보일 거야.

그러려면 일단 생각을 곱씹어야 해.

생각을 곱씹는다고…?

폴짝

으악!

왜…

학교에 가야 할까?

!

이게…

내 생각이라고?

진짜 네 생각을 모르니까

막연히 학교에 가기 싫다고 생각한 것 아닐까?

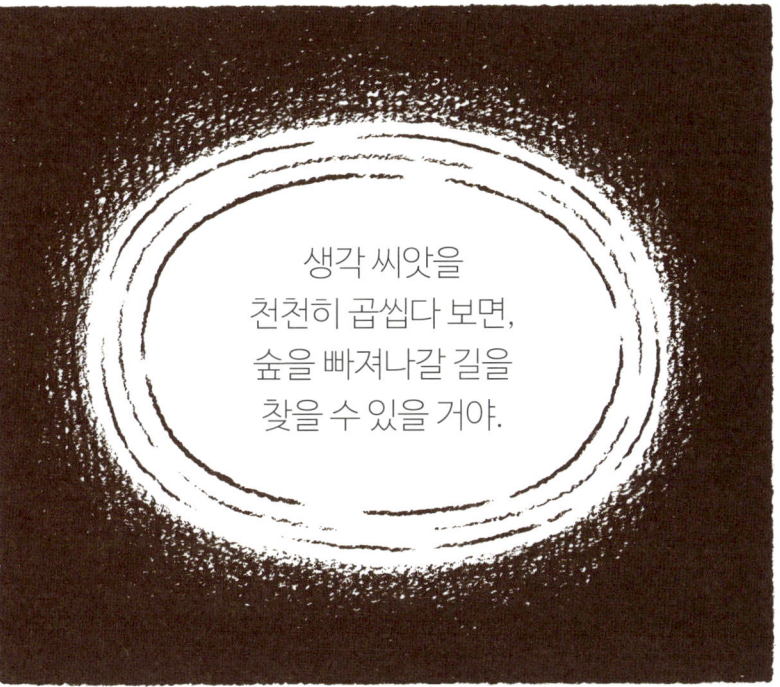

대답해 줘!

왜 학교에 가고 싶어? 가기 싫어?

생각 열매를 얻었다면, 그 안에 무엇이 들어있는지 살피기 위해
진짜 내 생각을 곱씹어 보자.
생각 곱씹기는 다람쥐처럼 앞니가 튼튼하지 않아도 할 수 있어.
'왜 그렇게 생각했을까?'라고
스스로 묻는 것만으로 생각을 곱씹을 수 있단다.

왜 학교에
가고 싶을까?

난 정말 학교에
가고 싶은 건가?

🦉 머릿속 상상만으로 '왜 그렇게 생각했을까?' 하고
스스로 물어보기는 쉽지 않지.
그럴 땐, 집에 있는 거울을 바라보며 질문해 봐.
그 속에 비친 또 다른 내가 대답해 줄지도 몰라.

내가 학교에
가기 싫은 이유는 뭘까?

굳이 안 가도
되지 않아?

친구들이랑 놀 수 있으니까 학교에 가고 싶어.

🦉 무언가를 생각할 때 스스로에게 '왜?'라고 묻는 건 참 중요해.

👧 혹시 그게 생각을 곱씹는 거야?

🦉 맞아. 생각을 곱씹다가 발견하는 것이 바로 '생각 씨앗'이고. 그렇지만 생각 씨앗은 '왜?' 한 번만으로는 발견하지 못해. 그럴 땐 반복해서 '왜?'라고 질문해 봐.

학교에 가야 하는 이유를 잘 모르겠어….

맞아. 대체 **왜** 학교에 가야만 하는 걸까?

으~음.

그야… 다들 학교에 가니까?

내가 가고 싶다고 생각한 건 아니지만 말이야.

그렇다면 나는 무엇을 위해 매일 학교에 가는 걸까?

역시 공부 때문이려나?

학교는 배우러 가는 곳이잖아.

하지만 공부는 학교에 가지 않아도 집이나 학원에서도 할 수 있어…

그렇다면…

학교에 가는 이유는 대체 뭘까…?

…

빤~히

뭐라도 말해야 할 것 같아….

하… 학교는 공부를 하는 곳이니까!

가는 게 당연한 거 아냐?

뿅

반짝

우아.

어디 보자.

팔락

| 이걸 쓰고 | 안...경? |

그 씨앗을 볼래?

그건 '철학 안경'이라고 해.

내 생각을 한번 더 곱씹을 수 있게 도와주는 안경이지.

왜?

대답해 줘!

'학교에 가는 게 당연하다'는 생각은 정말일까?

모두가 "당연하다"라고 입을 모아 말하거나,
'그건 당연하지' 하고 생각하는 일은 세상에 참 많지.
학교에 가는 것, 공부를 하는 것,
친구들이랑 사이좋게 지내는 것까지 당연하다고 여기잖아.
하지만 그건 모두에게, 언제든, 정말로 당연한 걸까?
'철학 안경'을 쓰고 좀 더 생각해 보자.

🦉 아래에 있는 세 가지 철학 안경은
네가 더 깊게 생각하도록 도와줄 거야.
철학 안경을 쓰고 "학교에 가는 건 당연한 걸까?"라는 질문에
"왜", "만약", "도대체"를 더해 물어보자.

학교에서 배우는 내용이 우리에게 필요하니까?

이상해. 학교에 가는 건 당연하다고 생각했는데 내 생각이 점점 바뀌고 있어.

그래. 철학 안경을 쓰면, 당연하다고 여겼던 일도 '정말 당연한 걸까?' 하고 내 생각을 되묻게 되거든.

그러면 학교에 가는 것과 별로 다르지 않을 것 같아….

그럼 도대체 학교에 꼭 가야만 하는 이유는 뭐야?

운동회처럼 학교에서만 할 수 있는 일이 있으니까?

다양한 철학 안경을 쓰고 생각해 보자

"왜" 안경

"만약" 안경

"도대체" 안경

"무슨 뜻이지" 안경

"반대로" 안경

"예를 들면" 안경

학교에 가는 것이 당연하다는 말은 **무슨 뜻이지?**

세상이 그렇게 정해져 있잖아!

안경 바꾸기

반대로 세상이 그렇게 정해져 있지 않다면?

🦉 철학 안경에는 여러 종류가 있어. 자유롭게 바꿔 쓰며 질문을 해 봐.

"입장을 바꿔서" 안경    "비교하면" 안경    "다른 생각은" 안경

나는 학교에 안 갈래.

안경 바꾸기

입장을 바꿔서 내가 선생님이라면 어떨까?

학교에 아이들이 없으면 슬프겠지….

안경 바꾸기

학교에 가지 않으면 무엇을 할까? 예를 들면….

친구들이랑 놀래! 아니면 학원에 가도 좋고.

다른 사람들은 어떤 생각을 갖고 있을까?

"왜 학교에 가야 할까?"
이렇게 물어보면,
다른 사람들은 뭐라고 대답할까?
여러 의견에 귀를 기울여 보자.

대답해 줘!

다들 왜 학교에 가는 걸까?

누군가가 "왜 학교에 가?"라고 네게 물으면
뭐라고 대답할 거야?
가족과 친구들은 무슨 답을 할까?
그리고 또 어떤 의견들이 나올까?

🧒 다들 학교에 가는 이유가 제각각이네. 뭐가 맞는 말인지 모르겠어….

🦉 정답을 찾기보다는, 먼저 모든 의견을 있는 그대로 귀담아들어 봐.
그러면 각자의 기준으로 다양한 생각을 하고 있다는 걸 알게 될 거야.

🧒 확실히 여러 의견을 들어 보니까, 내가 미처 생각하지 못했던 부분도 많아!

🦉 맞아. 다른 사람의 의견을 묻고 들으면 나 혼자는 알 수 없었던 것을 깨닫게 돼.

학교 같은 데는 안 가도 돼!

선생님은 맨날 열심히 공부하라는 둥 친구들과 사이좋게 지내라는 둥 잔소리만 한다고!

하~나도 재미없어!

흥이다

그렇게 싫은가…?

아니, 근데….

다른 사람의 의견을 바로 부정하는 건 좋지 않아.

어떤 의견이든 간에

일단 있는 그대로 받아들이려고 해 봐.

다시 철학 안경을 써 보자!

"왜" 안경

"만약" 안경

"도대체" 안경

"비교하면" 안경

"예를 들면" 안경

"입장을 바꿔서" 안경

"다른 생각은" 안경

"반대로" 안경

"무슨 뜻이지" 안경

> 대답해 줘!

나와 다른 의견은 어떻게 대해야 할까?

여러 의견을 듣다 보면
가끔 "별로인데", "난 반대야"라고 말하고 싶을 때도 있어.
나와 다른 의견을 가진 사람에게 내 생각과 마음을 곧이곧대로 드러내면
서로 기분이 상하거나, 상처를 주거나, 심지어 싸울 수도 있지.
그럴 땐 어떻게 하면 좋을까?

듣자마자 "그건 아냐!"하며
도무지 고개가 끄덕여지지 않는 의견을 들을 때도 있지.
우선 한숨 돌린 다음, 철학 안경을 쓰고 상대방에게 물어보자.
그 사람이 왜 그렇게 말했는지 이유를 살펴보는 거야.

나는 학교가 세상에서 없어졌으면 좋겠어!

"왜" 안경

"만약" 안경

"도대체" 안경

"예를 들면" 안경

"무슨 뜻이지" 안경

왜
학교가 없어졌으면 좋겠어?

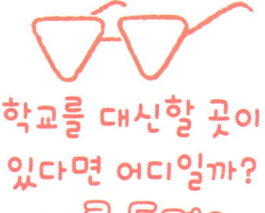
학교를 대신할 곳이 있다면 어디일까?
예를 들면?

만약
학교가 정말 세상에서 없어진다면?

도대체
학교는 어떤 곳일까?

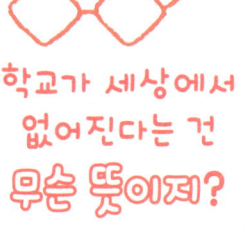
학교가 세상에서 없어진다는 건
무슨 뜻이지?

- 무조건 반대하는 대신에 철학 안경을 쓰라는 얘기야?

- 아니, 상대방을 알기 위해 먼저 철학 안경을 써 보는 거야.

- 상대방을 안다는 게 무슨 뜻이야?

- 말에는 겉으로 드러나지 않은 생각이나 마음이 담겨 있어. 그걸 알기 위한 과정이지.

- 그러면 상대방이 정말로 하고 싶은 말을 알기 위해 철학 안경을 쓰고 마음속을 들여다보는 거야?

- 바로 그거야. 철학 안경을 쓰고 몇 번이고 물어보면 상대방의 생각을 깊게 이해할 수 있어.

'질문'을 쌓아 올리면 알게 되는 것이 있어

누군가와 이야기할 때 철학 안경을 쓰고 "왜?", "만약?" 하고 여러 질문을 차곡차곡 쌓아 봐.
대답을 들으면 상대방이 정말로 어떤 생각을 갖고 있는지 점점 알 수 있게 될 거야. 그리고 너의 질문에 대답하면서 상대방도 '나는 이렇게 생각하는구나' 하고 새삼 자신의 진짜 생각을 깨달을 수 있지.

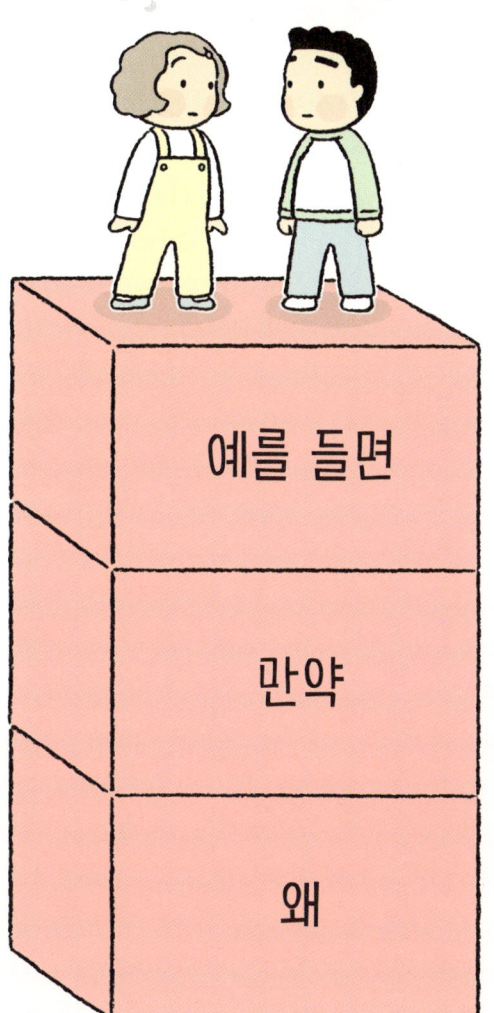

*관점: 무언가를 살펴볼 때 그 사람이 생각하는 방향이나 마음가짐

그런 걸까….

나는 지금까지 학교가 공부하기 위해 가는 곳이라고 생각했어.

그런데 이제 공부는 집이나 학원에서도 할 수 있으니까 학교에 안 가도 될 것 같다는 생각도 들어.

게다가 다양한 의견을 듣다 보니

학교가 공부만 하는 곳이라고 딱 잘라 말할 수 없는 것 같아.

그러니까…

대답해 줘!

생각이 바뀐다는 건 어떤 일일까?

여러 사람의 의견을 듣고
철학 안경을 쓰고 물어보면,
생각이 바뀌거나 또 다른 의문이 생길 수도 있어.
왜 그럴까?
또, 그건 과연 좋지 않은 일일까?

🦉 생각한다는 것은 깜깜하고 깊은 동굴을 탐험하는 일과 비슷해. 앞이 잘 보이지 않아도 내키는 대로 걸어가다 보면 생각지도 못했던 것을 찾아내거나, 놀라운 사건을 만나기도 하지. 그럼, '생각 탐험'을 시작하자!

생각이 넓어지고 바뀐다!

이런 곳도 있구나!

제3장
모두의 생각을 나눠 보자

내 의견을 전해 보자

다들 모였으니,

그루터기에 앉아 볼래?

여기까지 온 너희 모두

왜 학교에 가야 할까? 라는 생각 씨앗을 가지고 있어.

사뿐

모처럼 좋은 기회를 놓칠 수 없지.

한 가지 질문을 두고 모두가 의견을 주고받아 보자.

바로 '철학 대화' 라는 거야.

이유는 딱히 없어. 그건 사회가 정한 규칙이니까.

가고 싶어도 왕따 때문에 못 가는 사람도 있어….

집에서는 동생을 돌봐야 하니까 학교가 더 편해.

학교는 공부를 하기 위해 가는 곳이잖아!

난 학교 안 다니는 아이들도 존중해 주면 좋겠어!

…

팔락

넌 왜 얘기 안 해?

> 대답해 줘!

내 의견은 정말 다른 사람과 똑같은 걸까?

어차피 다른 사람이랑 같을 거라고 넘겨짚으며
내 생각을 말로 표현하지 않고 넘어간 적 있니?
사실, 세상에 똑같은 생각은 없어.
그러니 그 생각이 담긴 의견도 완전히 같을 수 없지.

내 생각도 그래.

나도 마찬가지야!

공부를 하지 않으면 좋은 대학에 못 가잖아.

그야 집에서는 공부하기 힘드니까.

🧒 다들 같은 의견이라고 말했는데, 사실 마음속으로는 전혀 다른 생각을 가지고 있었네!

🦉 그래, 완전 똑같은 생각이라는 건 이 세상에 없어. 그리고 모든 의견에는 반드시 그 사람만의 생각이 녹아 있지.

🧒 그럼, 같아 보이는 의견도 철학 안경을 쓰고 "왜?", "무슨 뜻이지?" 하고 물으면 그 사람의 진짜 생각을 발견할 수 있을까?

🦉 맞아. 또 그러기 위해서는 모두가 자유롭게 묻고 답할 수 있는 분위기를 만들어야겠지.

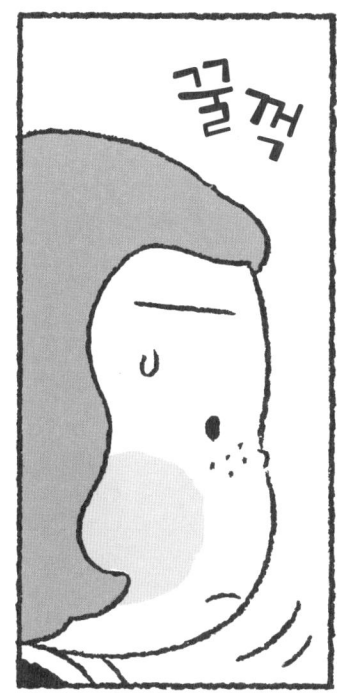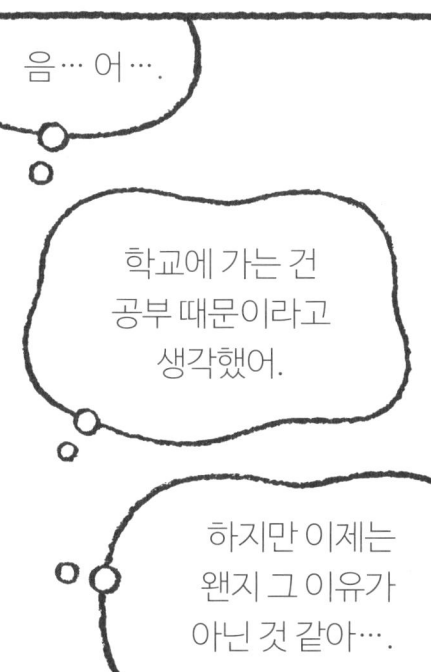

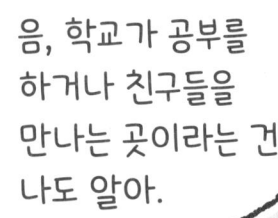

대답해 줘!

그건 진짜 내 생각일까?

내 의견을 여러 사람 앞에서 밝힐 때,
진짜 '내 생각'을 말하고 있을까?
사실은 마음속에 다른 생각이 있지 않아?
누구보다 더 멋진 말을 하고 싶어서
마음에 없는 말을 한 적 없니?

학교는 선생님이나 친구들과 의견을 주고받는 중요한 장소라고 생각합니다!

🧒 모두의 마음이 이해 가.
나도 다른 사람 앞에서 의견을 말할 때 '선생님한테 칭찬받고 싶어'라고 기대하거나 '다들 비웃으면 어쩌지?' 하고 걱정하는걸.

🦉 그런 마음은 누구나 가지고 있지 않을까?

🧒 하지만 그렇게 다른 마음으로 말한 의견은 진짜 의견이 아닌 거지?

🦉 아무래도 그렇지.
하지만 사소해 보여도 진짜 생각과 마음이 담긴 의견에는 모두가 귀 기울일 거야.

학교를 어떻게 생각하는지는 각자 다르겠죠.

선생님이 칭찬할 말을 하면 되겠지.

나만의 우주에서 생각을 말해 보자

🦉 주변 반응 때문에 진짜 생각을 표현할 수 없던 적이 있지?
자, 한번 머릿속으로 텅 빈 우주를 떠올려 봐.
상상 속 우주에서는 오직 너만 존재해. 신경 쓸 사람은 아무도 없어…
여기라면 진짜 네 생각을 솔직하게 말할 수 있을 거야.
그럼, 다른 사람들 앞에서 발표할 때도 '오직 나만 있는 우주'를 상상해 보자!

아직 모르겠어도 이전과는 다를 거야

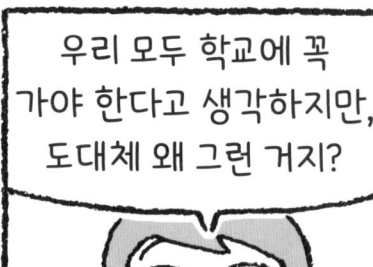

대답해 줘!

모르겠다는 생각이 들 땐 어떻게 할까?

골똘히 생각하면 할수록 답을 찾을 수 없고
결국 모르겠다는 생각이 들 때도 있어.
그럴 땐 "더 이상 못 하겠어!" 하며
포기하고 싶겠지만, 차분히 여유를 가져 보자.
사실은 모르겠다는 상태가 무척 멋진 거니까!

🦉 아무리 생각해도 답을 찾을 수 없을 때, 캄캄한 곳을 혼자 걷고 있는 것처럼 느껴지지 않니? 무엇을 해야 할지도 모르겠고 말이야.
그렇게 불안할 땐 어떻게 하면 좋을까?

'어린이 철학'을 추천합니다

최근 일본에서는 '어린이 철학'이 주목받고 있습니다. 신문이나 TV 등 각종 미디어에서 소개하고, 초·중·고등학교는 물론 유치원, 어린이집에서까지 철학 수업을 진행하고 있습니다.

어린이 철학은 어린이를 위해, 어린이와 함께하는 대화형 철학 수업입니다. 유명한 철학자들의 이론을 배우는 것이 아니라, 일상 속에서 쉽게 접할 수 있지만 무심코 지나쳤던 주제에 대해 깊이 생각하는 계기를 마련해 줍니다.
대화형 철학 수업은 부담스럽게 느껴질 수 있지만, 자기 생각을 솔직히 말하고, 서로 질문하고, 곰곰이 생각하면 됩니다. 대화를 나누며 생각을 파고들다 보면 자연스럽게 철학적으로 사고하는 법을 익히게 되지요. 학교에서도 진행할 수 있지만, 도서관이나 카페, 가정처럼 편안한 분위기에서 대화를 나눠 보세요. 평소에는 흘려보냈던, 어렵지만 중요한 문제들에 관해 의견을 진지하게 다룰 수 있습니다.

이 책은 어린이와 철학 대화를 나누는 과정을 만화로 표현했습니다. 주인공은 마음속에 담긴 소박한 질문에 대한 답을 진지한 태도로 찾아 나섭니다. 바로 "학교에 가고 싶어?"란 질문입니다.
누구든 한 번쯤 주인공처럼 '나는 왜 학교에 가야 할까?'라는 의문을 품었던 적이 있을 것입니다. 대부분 이 생각을 어떻게 다뤄야 할지 모르고 궁금증만 남은 채 머무르지요.

하지만 주인공은 생각의 숲에서 만난 올빼미와 대화를 나누며 자신의 생각을 발전시켜 나가는 법을 익힙니다. 첫 번째 단계는 자기 생각의 근거를 찾는 것입니다. 그다음으로 나와 다른 의견을 받아들이고, 다 함께 이야기를 나누죠. 이때 가장 중요한 도구가 바로 '철학 안경'입니다. "왜?", "만약에" 같은 철학 안경을 쓰면 다양한 생각과 의견을 곱씹고, "정말 그런 걸까?" 하고 생각을 다시 점검할 수 있기 때문입니다. 이 방법을 쓰면 새롭고 더 좋은 생각으로 나아갈 수 있습니다.

또, 이 책을 읽으면 깊이 생각하는 습관을 자연스럽게 익힐 수 있습니다. 이 책에서는 학교에 관한 질문을 다뤘지만, 다른 질문들에도 적용할 수 있습니다(꼭 똑같은 순서를 따르지 않아도 됩니다).

무엇보다 자신의 생각이 한 걸음 더 발전했다고 느낄 때, 아이가 친구나 주변 어른들과 대화를 나누며 더 괜찮은 생각이 있을지 알아보는 자세의 중요성을 전하고 싶었습니다. 서로 "도대체 왜 그럴지?", "반대 의견은 어떨까?" 같은 질문을 주고받으며 상대방 역시 더 나은 생각을 떠올릴 수 있고, 나 혼자서는 볼 수 없었던 관점을 깨달을 수 있다는 사실을 인정하면, 또 다른 좋은 질문으로 이어지는 계기가 됩니다.

자신의 생각을 발전시키고 싶은 사람은 모두와 즐겁게 대화를 나눌 수 있습니다. 또 폭넓게 생각하는 사람은 다양한 사람과 어우러져 살아갈 수 있습니다.
이 책을 읽은 여러분이 풍부한 생각과 함께 풍요로운 인간관계를 맺길 바랍니다.

일본 릿쿄대학 문학부 교수
고노 데쓰야

감수 고노 데쓰야

릿쿄대학 문학부 교수. 게이오기주쿠대학 대학원 문학연구과에서 박사과정을 수료하고, 철학, 윤리학, 교육철학을 공부했습니다. NPO 법인 '어린이 철학 어른 철학 ARDACODA'에서 철학의 즐거움을 알리고 있습니다. 지은 책으로 《어린이 철학 카페》《묻는 방법·생각하는 방법》 등이 있습니다.

글 스가하라 요시코

어린이책 작가, 편집자. 지은 책으로 〈언젠가 투표를 할 너에게 알려주고 싶은 것〉 시리즈, 《10살부터 시작하는 프로젝트 관리》 등이 있습니다.

그림 나가시마 히로미

만화가, 일러스트레이터. 지은 책으로 〈도깨비 아이〉 시리즈, 《하늘빛 편지》《코끼리는 1학년》 등이 있고, 《그림책을 읽는 방법, 선택하는 방법》 등 여러 책에 그림을 그렸습니다.

옮김 오지은

작가, 음악가, 번역가. 지은 책으로 《익숙한 새벽 세 시》《마음이 하는 일》 등이 있고, 옮긴 책으로 《고양이 섬의 기적》《뭐 어때!》〈커피 한 잔 더〉(1~3) 등이 있습니다.

Manga de Tetsugaku -Tetsugaku no Megane de Sekai wo Miruto-
Text Copyright © Yoshiko Sugahara 2023
Illustrations Copyright © Hiromi Nagashima 2023
Supervised by Tetsuya Kono
All rights reserved.
First published in Japan in 2023 by Poplar Publishing Co., Ltd.
Korean translation rights arranged with Poplar Publishing Co., Ltd. through Danny Hong Agency

이 책의 한국어판 저작권은 대니홍에이전시를 통해 Poplar Publishing사와 독점 계약한 ㈜북이십일에 있습니다.
저작권법에 의하여 한국 내에서 보호를 받는 저작물이므로 무단 전재 및 복제를 금합니다.

감수 고노 데쓰야
글 스가하라 요시코
그림 나가시마 히로미
옮김 오지은

1판 1쇄 발행 2024년 3월 25일
1판 4쇄 발행 2024년 7월 15일

펴낸이 김영곤
키즈사업본부장 김수경
기획편집 홍희정 이은영 우경진 오지애 **키즈마케팅** 정세림 **디자인** 김단아
아동영업마케팅본부장 변유경 **아동마케팅** 김영남 손용우 최윤아 송혜수
아동영업 강경남 김규희 최유성 **e·커머스** 장철용 양슬기 황성진 전연우
해외기획 최연순 소은선 **제작** 이영민 권경민

펴낸곳 ㈜북이십일 아울북
출판등록 2000년 5월 6일 제406-2003-061호
주소 (우10881) 경기도 파주시 회동길 201(문발동)
대표전화 031-955-2100 **팩스** 031-955-2151
홈페이지 www.book21.com

ISBN 979-11-7117-460-7 (73100)

* 책값은 뒤표지에 있습니다.
* 잘못 만들어진 책은 구입하신 서점에서 교환해 드립니다.
* 이 책 내용의 일부 또는 전부를 재사용하시려면 반드시 ㈜북이십일의 동의를 얻어야 합니다.

 • 제조연월: 2024. 7. 15. • 제조사명: ㈜북이십일
• 주소 및 전화번호: 경기도 파주시 회동길 201(문발동) / 031-955-2100
• 제조국명: 대한민국 • 사용연령: 5세 이상 어린이 제품